BEI GRIN MACHT SICH II WISSEN BEZAHLT

- Wir veröffentlichen Ihre Hausarbeit, Bachelor- und Masterarbeit

- Ihr eigenes eBook und Buch - weltweit in allen wichtigen Shops

- Verdienen Sie an jedem Verkauf

Jetzt bei www.GRIN.com hochladen und kostenlos publizieren

Bibliografische Information der Deutschen Nationalbibliothek:

Die Deutsche Bibliothek verzeichnet diese Publikation in der Deutschen National-
bibliografie; detaillierte bibliografische Daten sind im Internet über http://dnb.d-
nb.de/ abrufbar.

Impressum:

Copyright © 2017 GRIN Verlag, Open Publishing GmbH
Druck und Bindung: Books on Demand GmbH, Norderstedt Germany
ISBN: 9783668601550

Dieses Buch bei GRIN:

https://www.grin.com/document/382035

Ann-Cathrin Wehrmann

Das Dilemma von Nähe und Distanz in der Grundschule. Professionalisierung der Lehrenden als Lösung des Problems?

GRIN Verlag

GRIN - Your knowledge has value

Der GRIN Verlag publiziert seit 1998 wissenschaftliche Arbeiten von Studenten, Hochschullehrern und anderen Akademikern als eBook und gedrucktes Buch. Die Verlagswebsite www.grin.com ist die ideale Plattform zur Veröffentlichung von Hausarbeiten, Abschlussarbeiten, wissenschaftlichen Aufsätzen, Dissertationen und Fachbüchern.

Besuchen Sie uns im Internet:

http://www.grin.com/

http://www.facebook.com/grincom

http://www.twitter.com/grin_com

INHALTSVERZEICHNIS

1 EINLEITUNG

Die folgende Ausarbeitung soll sich auf das Spannungsverhältnis von Nähe und Distanz im schulischen Umfeld konzentrieren. Der hier gewählte Bezugsrahmen des Dilemmas von Nähe und Distanz umfasst das Handeln von Lehrerinnen und Lehrern vor dem Hintergrund realer Alltagssituationen, da dort Beziehungsstrukturen unterschiedlicher Intensität entstehen, die sich unreflektiert als problematisch erweisen können. Der praktische Bezug deshalb, da in Kapitel 4.2 handlungsorientierte Lösungen für die Entwicklung einer in der Schullandschaft fehlenden Selbstreflexion in Form von Weiterbildungen/Supervisionen vorgeschlagen werden. Selbstreflexion im Alltag ist deshalb unerlässlich, da mit dem Begriff Alltag „die Wirklichkeit des Selbstverständlichen, des Vertrauten" gemeint ist (vgl. Thiersch, 2012, S. 33). Hier wird die Problematik anhand der gewählten Adjektive deutlich. Adjektive wie „selbstverständlich" und „vertraut" suggerieren ein Handlungsschema, welches sich unflexibel in neuen Bewältigungssituationen verhält und sich auf „vertraute" Muster verlässt. In diesem unreflektierten, auf pragmatischen Erfahrungen des Individuums beruhenden Umgang mit Nähe und Distanz muss davon ausgegangen werden, dass sich Alltagshandeln negativ auf das professionelle pädagogische Handeln auswirkt. Untersucht werden also Methoden, die die Entwicklung einer Lehrerpersönlichkeit begünstigen, um einen bewussten Umgang mit diffusen und spezifischen Beziehungsstrukturen innerhalb pädagogischer Institutionen zu erreichen. Das Dilemma von Nähe und Distanz in der Grundschule sollte deshalb mehr Beachtung erhalten, da der Wandel der Gesellschaft eine Verlagerung der Erziehungsverantwortung vermehrt in die Hände pädagogischer Einrichtungen legt. Mehr Erziehung bedeutet mehr Beziehung. Dieses „mehr an Beziehung" gilt es vor dem Professionalitätsanspruch für Lehrende zu untersuchen. Inwiefern sich Weiterbildungsmaßnahmen oder Supervisionen als Professionalisierungsmaßnahme erweisen, soll im Folgenden versucht werden offenzulegen.

2 HERAUSFORDERUNGEN FÜR LEHRENDE AN SCHULEN

Heutige schulische Bedingungen stellen unsere Lehrkräfte vor neue, teilweise unlösbare Herausforderungen. Diese sind in allen Bereichen des schulpädagogischen Umfeldes zu verorten. Den Schwerpunkt dieser Ausarbeitung bildet jedoch die Auseinandersetzung mit komplexen Beziehungsstrukturen innerhalb des „Arbeitsbündnisses" (vgl. Combe & Helsper, 2002, S. 34) zwischen Lehrkräften und deren Schülerinnen und Schülern. Die Grundproblematik liegt darin, dass die reine Wissensvermittlung in Grundschulen heutzutage eine eher untergeordnete Rolle spielt, denn „[d]ie Tätigkeiten sind überkomplex, sie reichen vom gleichzeitigen Anspruch der Förderung und der Auslese über Stoffvermittlung, *Erziehung*, Motivierung, Disziplinierung, Individualisierung, bis hin zur Steuerung von Gruppenprozessen" (vgl. Gudjons, 2000, S. 36; Hervorhebung A.-C.W.). Der in diesem Zitat hervorgehobene Begriff „Erziehung" soll die Verlagerung des Erziehungsauftrages in die Schulen nochmals betonen. In Übereinstimmung mit Gudjons Einsichten ist Terhart davon überzeugt, dass heutige Erziehungsinstitutionen vermehrt pädagogische und erzieherische Aufgaben übernehmen sollten, welches in dem Wandel der Gesellschaft, nämlich in dem Abschwächen der Familie als Erziehungsort, begründet liegt. Somit sollten Schulen den Anforderungen einer „anspruchsvolleren und ganzheitlicheren Erziehungsstätte" gerecht werden (vgl. Terhart, 2000, S. 77). Maria Fölling-Albers (zitiert nach: Maria Fölling-Albers, 1992, aus: Spitz, 2003, S. 46) fordert ebenfalls mehr Erziehung in Schulen, betont aber gleichzeitig die Schwierigkeit dieses Auftrags, da die „Liberalisierung der Erziehungsstile und die Verschiedenheit der Erziehungsmuster" negative Auswirkungen auf die Empfänglichkeit der Schüler gegenüber einheitlichen Erziehungsmaßnahmen hat. Um den Eintritt erzieherischer Maßnahmen zu unterstützen, sollte sich dementsprechend die Lehrerausbildung anpassen, denn das bisher im Rahmen der Praktika angewandte, in der Lehrerausbildung gelernte Theoriewissen deckt nur sehr beschränkt das ab, was in der Praxis an Erziehungsleistung von den Professionellen gefordert wird (vgl. Imschweiler, 2010, S. 7). Daher die Forderung, theoretische und fachliche Inhalte in der Lehrerausbildung zu reduzieren um den Fokus mehr auf die Ausbildung erzieherischer und sozialpädagogischer Fähigkeiten richten zu können (vgl. Terhart, 2000, S. 78). Schließlich müsste eine Vertiefung der Erziehungsleistung gleichzeitig die Etablierung einer „Beziehungsdidaktik" voraussetzen. Dieser Aussage wird entnommen, dass sich die Struktur des Verständnisses von Erziehung deutlich verändern muss. Aus *Erziehung*, wird

*Bez*iehung, denn die Vorstellung von Erziehung im Sinne eines „Verändernwollens" und „Fremdbestimmens" ist obsolet und widerspricht dem Bild eines Menschen als autonomes und selbstbestimmtes Wesen (vgl. Miller, 2011, S. 44). Demzufolge wird unter Erziehung „Wahrnehmen und Beobachten, Einfühlen und Erspüren, Entwicklungsförderung und Lebenshilfe, Zulassen der Möglichkeiten und Grenzziehung" verstanden. Substantive wie „Behütung, Gegenwirkung und Unterstützung" sollen den heutigen Erziehungsbegriff definieren (ebd). Zusammenfassend kann also formuliert werden, dass sobald Menschen in Kontakt treten, automatisch Beziehungen entstehen, in denen „Bedürfnisse, Interessen und Verhaltensweisen deutlich werden" (ebd). In der Konsequenz sieht sich die Lehrperson in der Grundschule nicht nur mit den Beziehungsforderungen der Schüler, und der Rollenbehauptung des „Selbst", sondern auch mit der Aufrechterhaltung des schulischen Systems, von dem sie abhängt, konfrontiert. Diese äußerst widersprüchlichen Anforderungen verlangen von Lehrkräften nicht nur den Schulkindern, sondern auch den Eltern gegenüber, eine „professionelle Nähe-Distanz-Regelung auszubalancieren (vgl. Spitz, 2003, S. 63).

3 DAS DILEMMA VON NÄHE UND DISTANZ

„Grundlegendes Interesse am Werden und der Entwicklung der Heranwachsenden ist in der (Sozial)-Pädagogik begründet. In diesem Interesse birgt sich jedoch die Gefahr von zu viel Nähe oder Distanz. Menschen im Werden sind darauf angewiesen, gleichermaßen bedingungslose Akzeptanz aber auch einen zur Selbstbildung förderlichen Freiraum zu erfahren (Dörr & Müller, 2012, S. 38).

Dieser Abschnitt der Ausarbeitung soll das Dilemma von Nähe und Distanz zunächst erläutern, dann aber auch Sichtweisen präsentieren, die zum einen Nähe und somit eine Beziehung zwischen Pädagoge und Klient priorisieren, und zum anderen jene Positionen vorstellen, die Distanz als Eigenschaft professionellen Handelns beschreiben. Außerdem sollen Perspektiven, die für die Zusammengehörigkeit beider Phänomene plädieren, ebenfalls aufgezeigt werden. Beginnend äußert sich Burkhard Müller zur Definition des hier zu diskutierenden Dilemmas indem er erläutert, dass „das Handeln von Menschen in ihrer jeweiligen Lebenswelt [...] entweder von nahen, vertrauten, intimen Beziehungen [...] (zu Familie, Freunden, Liebsten) oder von distanzierten, sachlichen, oberflächlichen Beziehungen (zu Unbekannten, Funktionsträgern, Marktpartnern etc.) [ausgeht] [...]. *Professionelle Arbeitsbeziehungen [hingegen] sind im Unterschied zu beidem nahe und distanziert zugleich"* (Müller, 2012, S. 145, Hervorhebung und Einschub A.-C.W.). In Anlehnung an Müllers Erklärung führen Anja Seifert und Monika Sujbert die Inhärenz pädagogischer Verhältnisse zu pädagogischen Institutionen, (wie Kindergärten und Grundschulen) aus (vgl. Seifert & Sujbert, 2013, S. 172). Ein pädagogisches Verhältnis beschreibt in diesem Rahmen das sogenannte „pädagogische Einwirken" auf das zu erziehende Subjekt. Dadurch, dass der „Erziehende" dem „Zu-Erziehenden" in Alter, Erfahrung (Praxiswissen, Professionswissen, Reflexionswissen), und der Fähigkeit, sein Gegenüber in seiner Rollenhaftigkeit zu betrachten, überlegen ist, entsteht eine das pädagogische Handeln bestimmende Antinomie (ebd.). Diese Antinomie nennt Spitz (Spitz, 2003, S. 63) „die pädagogische Handlungsantinomie von Distanz und Nähe". Aus dieser Handlungsantinomie heraus entsteht ein spannungsgeladenes Verhältnis, welches die Erwachsenen-Kind-Beziehung bestimmt. Das Nähe-Distanz-Dilemma beschreibt in diesem Zusammenhang also das Problem des Entscheidens, mit wieviel „Nähe" und/oder mit wieviel Distanz „pädagogisches Einwirken" durchgeführt werden soll. Die Frage, die sich hierbei stellt ist, entscheidet man sich tatsächlich zwischen Nähe und Distanz? Wahrhaftig gibt es Positionen, die „Nähe" als ein der Pädagogik zugehöriges Phänomen beschreiben, denn eine „Pädagogik ohne Nähe zwischen Personen wäre unmenschlich" (Kegler, 2010, S. 26). Ein weiteres, die Nähe in der Pädagogik befürwortendes Argument liefert Strobel-Eisele, indem sie sagt, dass man ohne Nahbeziehung Gefahr läuft, als „distanzierter Theoretiker", der nichts von Kindern und Erziehung versteht, betitelt zu werden. Sie sagt weiter, dass eine „liebevolle, fürsorgliche, stabile Nahbeziehung" heute als selbstverständlich und maßgebend für die Erziehung sei (vgl. Strobel-Eisele, 2013, S. 182). Thiersch hingegen bringt Positionen hervor, die „[...] in der professionellen Fähigkeit zur Distanz das eigentliche Charakteristikum sozialpädagogischen Handelns [sehen] und dies immer wieder auch z.B. in der Auseinandersetzung mit und der Unterscheidung zu Ehrenamtlichen und Aktiven im bürgerschaftlichen Engagement deutlich [machen]" (Thiersch, 2012, S. 32). Aber auch Helsper (vgl. Helsper, 2012, S. 29) warnt davor, die eigene emotionale biographische Anerkennungsgeschichte, die durch die Interaktion mit Kindern und Jugendlichen aktualisiert wird, zu einem Resonanzboden für gefährliche emotionale Verstrickungen werden zu lassen. Soll meinen, ohne eine an dieser Stelle „reflexive Distanz" befindet man sich in einer diffusen Beziehungslogik, da die Heranwachsenden das Handeln der Lehrkräfte stets als „Infragestellung, Kränkung oder Bewertung auf ihr ganzes Selbst" beziehen (ebd). Abschließend bringt ein Zitat von Helsper die Sachlage

auf den Punkt: „ Lehrkräfte sind damit konfrontiert, dass ihr Handeln von Kindern und Jugendlichen häufig nicht spezifisch begrenzt oder universalistisch gedeutet werden kann, sondern auf die ‚ganze Person‘ der Heranwachsenden diffus ausstrahlt. […] Zugleich sind sie universalistischen Haltungen einer ‚Solidarität unter Fremden‘ (vgl. Brunkhorst 1996) verpflichtet und müssen Kinder und Jugendliche in den schulischen Bildungsprozessen in rollenförmiges Handeln einsozialisieren, das unpersönlichen, spezifischen und distanzförmigen Handlungsmustern entspricht […]. Sie agieren damit in der Spannung einander widerstreitender Beziehungslogiken" (Helsper, 2012, S. 30). Dies hat zur Konsequenz, dass es ein „entweder, oder" in der Nähe-Distanz-Thematik nicht geben kann. Im folgenden Kapitel wird diese Herausforderung innerhalb allgemeiner pädagogischer Handlungsstrukturen näher beschrieben.

3.1 Nähe und Distanz als Kernproblem pädagogischen Handelns

Ein wesentlicher Bestandteil des widersprüchlichen pädagogischen Handelns ist die antinomische Beziehung zwischen Pädagoge und Klient, beziehungsweise zwischen Lehrer und Schüler. Eine Antinomie deshalb, da die Anforderungen an Pädagogen und Lehrkräfte über alle Maße ambivalent und im Hinblick auf das Nähe-Distanz-Dilemma unlösbar scheinen. Der Handelnde sieht sich als Vermittler zwischen gesellschaftlichen Anforderungen und den Belangen und Interessen der zu „behandelnden" Individuen (vgl. Rapold, 2006, S. 22). Vermittelt wird aber zudem nicht nur zwischen Klient und Gesellschaft sondern auch als innerlicher Prozess zwischen Theoriewissen und praktischem Entscheidungswissen. Dieser besondere Umgang mit Wissen befähigt dann in der Konsequenz den Handelnden dazu, „Praxisprobleme stellvertretend wissenschaftlich reflektiert zu bearbeiten" (Rapold, 2006, S. 23). Pädagogisches Handeln ist nie geradlinig aber auch nicht ziellos, dennoch gibt es keine sicheren pädagogischen Ergebnisse, denn „Pädagogen sind paradoxerweise bei gleichzeitigem Anspruch auf Intentionalität und Erfolgswillen immer mit den Grenzen der Planbarkeit und Steuerung menschlichen Verhaltens konfrontiert" (Rapold, 2006, S. 22). Innerhalb des pädagogischen Handelns werden auf vier verschiedenen Ebenen Paradoxien vereint. Die Paradoxien lauten wie folgt, um sie der Vollständigkeit wegen zu nennen: 1) Individualisierungsparadox als dem Widerspruch von Freiheit und Zwang, 2) Rationalisierungsparadox als dem Widerspruch von Organisation und Interaktion, 3) Pluralisierungsparadox als dem Widerspruch von Differenzierung und Einheit und letztlich, 4) *Das Zivilisierungsparadox als dem Widerspruch von Distanz und Nähe* (ebd. & Spitz, 2003, S. 63, Hervorhebung A.-C.W.). Das Paradoxon als Kernproblem

7

von Distanz und Nähe bedeutet nun, dass jede pädagogisch professionelle Handlung zwischen den beiden Polen liegt, und ein Verfallen in das ein oder andere Extrem zu verhindern sei (vgl. Rapold, 2006, S. 23).

Überträgt man diese Ansätze auf die Schule, wird deutlich, dass sich die Lehrperson in ihrem Handeln in einem ständigen Spannungsfeld zwischen Nähe und Distanz befindet. Die handelnde Person muss also fortwährend darüber entscheiden, wieviel Relevanz dem in der Interaktion beteiligten Gegenüber beigemessen wird (Nerowski, 2012, S. 142). Dieses stellt sich in der Pädagogik oder allgemein in pädagogischen Handlungsfeldern als eine schwer zu bewältigende Aufgabe dar. Im schuldpädagogischen Umfeld sollte die Lehrkraft ihre eigenen Interaktionsmuster und Erfahrungen möglichst nicht im Umgang mit ihren/seinen Schülerinnen und Schülern anwenden (s.Kapitel 3), denn dies würde eine „fatale Nähe" schaffen. Indes würde man es sich sehr leicht machen, sähe man „Distanz als bloße[n] Gegensatz zu einer solchen problematischen Nähe" (vgl. Würker, 2012, S. 129). Distanz soll also nicht meinen, dass die Lehrkraft routiniert und von jeglicher Subjektivität und Affektivität befreit handelt oder reagiert, denn dies würde den Schülerinnen und Schülern besonders kalt und „unmenschlich" erscheinen (ebd.). Die Lehrkraft soll vielmehr, als diffuse Komponente, mithilfe einer reflexiven Distanz zu ihrer eigenen Biographie das eher emotional geprägte Verhältnis zu jüngeren Schülern ganzheitlich betrachten. „Gleichzeitig, als spezifische Komponente, müsse der Vermittlungsanspruch ernst genommen werden und die Beziehung unter dem Zweck der Vermittlung von Normen und Werten betrachtet werden. Könne dieser Spagat nicht vollführt werden, so läge eine mangelnde Professionalisierung im Sinne einer ‚distanzlosen Verkindlichung des Schülers' oder dem ‚technologischen, wissensmäßigen und verwaltungsrechtlichen Expertentum' vor" (Nerowski, 2012, S. 145).

Außerdem grundlegend für das Dilemma von Nähe und Distanz innerhalb pädagogischer Handlungen ist der Bezug auf „gelingende oder auch misslingende Interaktionsprozesse" (Dörr & Müller, 2012, S. 7) innerhalb der beruflichen Lebenswelt. Durch Interaktionen mit Anderen und der Welt bilden sich Erfahrungswerte heraus, die darüber entscheiden, wie „nah" man etwas oder jemanden an sich heranlässt. Innerhalb dieses Prozesses des Auslotens von Grenzen muss eine Balance gefunden werden, die eine diffuse (ganzheitliche), und spezifische (rollenförmige) Betrachtungsweise des Gegenübers verbindet, um professionelles Handeln möglich zu machen (vgl. Dörr & Müller, 2012, S. 7).

8

3.2 Die Balance von Nähe und Distanz als professionelle Handlungskompetenz

„Das Gelingen von pädagogischen Beziehungen steht und fällt mit der Balance des Spannungsverhältnisses zwischen Nähe und Distanz" (Thiersch, 2012, S. 38).

Zu Beginn dieses Kapitels sollen die Begriffe „pädagogisch" und „professionell" definiert werden. Anschließend wird erläutert, was professionelles Handeln für den Handelnden in der Praxis bedeutet und schließlich wird die Bedeutung und die Position dieses Handelns in Zusammenhang mit dem Dilemma von Nähe und Distanz gesetzt. Pädagogisches Handeln bezieht sich im Allgemeinen auf die Fähigkeit, Lerngelegenheiten und Lernprozesse für Klienten, Lernende und/oder Ratsuchende freizusetzen oder zu ermöglichen, da die Betroffenen in den meisten Fällen selbst nicht in der Lage sind, diese zu initialisieren (vgl. Bauer K.-O. , 2000, S. 63). Professionelle Handlungskompetenz bedeutet in erster Linie die situationsabhängige Transformation wissenschaftlichen Wissens in praktisches Handlungswissen (vgl. Combe & Helsper, 2002, S. 34). Erst das Handeln in Problemsituationen, beziehungsweise die Bearbeitung konkreter Fälle, setzt situationsübergreifende Erkenntnisse frei. Diese situationsübergreifenden Erkenntnisse lassen flexible Handlungsstrukturen entstehen, die den Kern professionellen Handelns bilden (ebd.). Um diese entstandenen Handlungsmuster professionell anzuwenden, muss der Handelnde in der Lage sein, sein „Selbst" aus Situationen herauszunehmen um stellvertretend für seinen Klienten („Ratsuchenden", „Lernenden") Lösungen finden zu können (Bauer K.-O. , 2000, S. 63). Das bedeutet, dass der Pädagoge dann professionell handelt, wenn sich wissenschaftliche Wissensbestände auf praktische Handlungsanforderungen beziehen (vgl. Dollinger, 2008, S. 200). Das handelnde „Selbst" muss also zu einem „professionellen Selbst" werden. Innere Prozesse zwischen dem „persönlichen Selbst" und dem beruflichen Selbst" werden mithilfe praktischen Trainings und Supervisionen ausgebildet (vgl. Bauer K.-O. , 2000, S. 65). Reflexion und Bewusstmachung über die eigene professionelle Rolle im beruflichen Handeln sind also unabdingbar. Bezogen auf das Dilemma von Nähe und Distanz heißt das, wie in Kapitel 3.1 bereits erörtert, dass professionelles pädagogisches Handeln von „spezifischen" und „diffusen" Beziehungsstrukturen geprägt ist. In der handelnden Praxis ist der Handelnde immerwährend damit konfrontiert, sein Gegenüber in seiner Ganzheitlichkeit („Diffusität"), oder aber in seiner rollenförmigen Erscheinung („Spezifität") „zu bearbeiten". Nach Oevermann (zitiert nach Ulrich Oevermann, 1996, aus:Combe &

Helsper, 2002, S.33) ist die Gleichzeitigkeit dieser widersprüchlichen Beziehungsformen die elementare Struktur und die Anforderung an professionelles Handeln. Erst die *Gleichzeitigkeit* von Nähe („Diffusität") und Distanz („Spezifität") in einer beruflichen Situation, und die *Bewusstmachung* darüber, bedeutet die Anwesenheit einer professionellen Handlungskompetenz (ebd, Hervorhebung A.-C.W.).

4 EINE MÖGLICHKEIT ZUM AUSGLEICH DES UNGLEICHGEWICHTS VON NÄHE UND DISTANZ

Das folgende Kapitel geht der Frage nach, welche Methoden und Möglichkeiten die schulische Organisationsentwicklung nutzen sollte, um die Dysbalance von Nähe und Distanz ausgleichen zu können. In diesem Zusammenhang wird versucht zu klären, welche Formen der schulischen Personalentwicklung Ansätze bieten, um professionelle Handlungskompetenz im Sinne einer funktionierenden Lehrer-Schüler-Beziehung zwischen Nähe und Distanz nicht nur herzustellen, sondern auch umzusetzen.

4.1 Schulische Organisationsentwicklung

Durch das Arbeiten in pädagogischen Organisationen wird man als ausübende Instanz Teil einer „Kontrollkultur", die die Interessen und Bedürfnisse der zu behandelnden Klienten mithilfe einer „Vertrauens- und Beratungskultur" versucht zu berücksichtigen. „Für die Diskussion um Professionalität bedeutet dies, dass gerade die institutionellen Routinen der Fallbehandlung sorgsamer Aufmerksamkeit bedürfen. […] Routinen und leistungsfähige Verwaltung können die komplexe Arbeit von Professionellen auch stabilisieren (vgl. Combe & Helsper, 2002, S. 33). Deshalb fordert Schütze, Selbstvergewisserungsinstanzen einzusetzen, um auch die hohe Autonomie und Eigenständigkeit des Lehrerberufs aufzubrechen" (vgl. Combe & Helsper, 2002, S. 33). Würde man Combe und Helsper in ihrer Argumentation folgen (während Schütze zitiert wird), so würde eine Anleitung zur Selbstreflexivität durch die Organisation positive Auswirkungen auf die Professionalität der Handelnden haben (zitiert nach Schütze,1996, aus: Combe & Helsper, 2002, S.33). Die Organisation muss den Organisationsteilnehmern Raum bieten, das eigene Alltagshandeln in Bezug auf Professionalität reflektieren zu können (vgl. Combe & Helsper, 2002, S. 33). Im Lehrerberuf sind solche Formen der Reflexivpädagogik allerdings selten bis gar nicht im Alltag vorzufinden (vgl. Heymann, 2016, S. 6). Infolgedessen sollte sich der Ausdruck: „Von der Reflexivität zur Professionalität" als eines der Leitmotive in der Schulpädagogik etablieren, um sicherzustellen, dass professionelles Handeln anhand reflexiver Methodiken gewährleistet werden kann. Erst wenn eigenes Handeln wahrgenommen und reflektiert wird, indem der Handelnde seine Perspektive verlässt um die Sichtweise einer in der Situation beteiligten Person einzunehmen, kann die Ausweitung professioneller Handlungsmöglichkeiten vorgenommen werden. Sinnvoll wäre demnach das Anbieten dieser sogenannten „Selbstvergewisserungsinstanzen" seitens der Institution Schule, um eine „Kultur professioneller Beratung" in unserem Schulsystem einzuführen. Welche Methodiken sich für dieses Vorhaben anbieten und wie diese Selbstreflexionstechniken aussehen, werden in dem Kapitel 4.2 „Professionalisierung der Lehrenden", beziehungsweise in dessen Unterkapiteln 4.2.1 & 4.2.2. spezifiziert.

4.2 Professionalisierung der Lehrenden

Professionalisierung und Professionalisierungsbedürftigkeit ist nicht nur Thema innerhalb des Bereichs der Sozialen Arbeit, auch in dem Beruf des Lehrers entgegnet dies durchaus einer nicht zu verachtenden Relevanz. Angefangen bei der Lehrerausbildung werden Strukturprobleme deutlich, die sich nachhaltig auf die Professionalität der Lehrenden auswirken. Professionelles Handeln (vgl. hierzu Kapitel 3.2) oder ein professionelles Handlungswissen entsteht durch das Zusammenkommen von Theorie und Praxis dadurch, dass Handlungsmethoden auf wissenschaftliches Wissen bezogen werden. Terhart und Bauer (vgl. Bauer K.-O., 2000, S. 56, Terhart, 2000, S.78) führen aus, dass die Lehrerausbildung dahingehend kritisiert wird, Theorie und Praxis in der ersten Phase (nämlich in der Phase des Studiums) kaum miteinander in Verbindung zu bringen. Welche Folgen hat dieser Mangel an Praxis für die Professionalität der Lehrenden? Dadurch, dass Lehrer zu Fachspezialisten ausgebildet werden, bleiben die fachdidaktischen und beziehungstheoretischen Aspekte des Lehrerberufs vorerst außen vor (vgl. Terhart, 2000, S. 78). Innerhalb des Gesellschaftswandels und der neuen Forderung die Erziehung der Heranwachsenden in pädagogische Institutionen zu verlagern, werden gerade sozialpädagogische und erzieherische Fähigkeiten bedeutsam. Um innerhalb eines spezifischen Verhältnisses (zwischen Lehrer und Schüler) diffuse Anteile professionell wirken zu lassen, bedarf es einer ständigen, sich entwickelnden Fort-Weiterbildungs- & Beratungskultur, die die Lehrenden bei ihrer Selbstreflexion unterstützt. In den folgenden Unterkapiteln soll die Struktur dieser Kultur dargelegt werden, um mögliche handlungslogische Konsequenzen darausziehen zu können.

11

4.2.1 FORT-& WEITERBILDUNGEN

„Im deutschen Bildungswesen wird zwischen den Weiterbildungsformen ‚berufliche Weiterbildung' und ‚Erwachsenenbildung' unterschieden." (Arnold & Schüßler, 2002, S. 115). Die berufliche Weiterbildung stellt den Bezugsrahmen für die hier angewandte Thematik dar, da es um „Angebote zur berufsbegleitenden Kompetenzentwicklung" geht (vgl. ebd.). „Lehrerfortbildungen können eine wirksame Strategie zur Professionalisierung von Lehrpersonen und zu einer Weiterentwicklung von Unterricht sein" (Lipowsky, 2016, S. 76). Vor dem Hintergrund der Professionalitätsentwicklung ist der Erfolg dieser Fortbildungen aber an gewisse Kriterien gebunden. Zum einen sollten Fortbildungen einen engen fachlichen Fokus vorweisen (ebd.). Zum anderen ist die fachbezogene Kooperation innerhalb des Lehrerkollegiums zwingend, um Unterrichts- und Schulentwicklung innerhalb einer Einzelschule so breit wie möglich umzusetzen, denn die „Zusammenarbeit von Lehrkräften trägt am ehesten zu einer Weiterentwicklung des Unterrichts bei" (ebd., S.77). Diese Art der Fortbildung, stellt eine Entwicklung der fachlichen Fähigkeiten dar. Dieser Blick auf Lehrerprofessionalität ist ein sehr beschränkter, und sieht den Lehrer nicht in seiner ganzheitlichen Rolle. Zu der Entwicklung der fachlichen Kompetenz, sollte eine Persönlichkeitsentwicklung in Form von Reflexion kommen (vgl. König, 2016, S. 88). Ein Beispiel für Methoden der Reflexion werden im darauffolgenden Kapitel beschrieben.

4.2.2 SUPERVISION & COACHING IM ARBEITSALLTAG

Supervision entstand ursprünglich in der „Sozialarbeit und Medizin und dient vornehmlich der ‚handlungsentlastenden Reflexion professioneller Praxis'" (vgl. Heymann, 2016, S. 7). Außerdem kann Supervision dazu beitragen, zum einen innerhalb von Teams und Arbeitsgruppen die Kommunikation und Kooperation wiederherzustellen oder zu vereinfachen, und zum anderen bei der Lösung persönlicher Problemlagen unterstützen. *Coaching* stammt ursprünglich aus dem Sport, wird aber seit den 1980er Jahren vornehmlich für personenbezogene Beratungsprozesse im Unternehmen genutzt und „stellt ein wunderbares Mittel zur Bewältigung berufsspezifischer Probleme dar" (vgl. Meyer, 2016, S. 10). Coaching und Supervision wurden zwar lange inhaltlich voneinander getrennt, die Gemeinsamkeiten sind aber nicht von der Hand zu weisen (ebd.) Coaching und Supervisionsmaßnahmen können im schulischen Bereich an unterschiedlichen Stadien ansetzen. Es sollen praktizierende Lehrer davon profitieren, aber genauso auch Schülerinnen und Schüler, Kollegien von

Schulen und Lehramtsanwärter in der Ausbildung (vgl. Heymann, 2016, S. 9). „Zu den beruflichen Aufgaben von Lehrerinnen und Lehrern gehört es, andere Menschen zu beraten" (Bastian, 2016, S. 3). Gerade aus dieser Perspektive des „Wissenden" fällt es den meisten Lehrerinnen und Lehrern womöglich schwer, sich in die Rolle eines Ratsuchenden, „Nichtwissenden" versetzen zu müssen. Bastian macht hierzu deutlich, dass Lehrende viel weniger als Angehörige anderer Berufsgruppen Beratungs- und Unterstützungsangebote annehmen können um diese für die eigene Weiterbildung zu nutzen (vgl. Bastian, 2016, S. 3; Heymann, 2016, S.6). Hinzukommt, dass durch Coaching oder Supervision zusätzliche zeitliche und finanzielle Faktoren belasten, welches die Teilnahmebereitschaft ebenfalls einschränken kann. Andererseits kann aber auch das Wissen darüber, verinnerlichte Handlungsroutinen ändern zu müssen verunsichernd wirken (vgl. Meyer, 2016, S. 10). Nichtsdestotrotz, sollten Lehrerinnen und Lehrer entgegen ihrer Scheu auf Beratungs-und Weiterbildungsmaßnahmen eingehen und den Weg in eine Reflexionskultur wagen, denn es kann eine enorme Entlastung im Alltag bewirken. Supervision sucht nämlich nach Lösungen und bietet die *Möglichkeit eigenes Verhalten zu reflektieren* (vgl. Schulte-Kloke, 2016, S. 26, Hervorhebung A.-C.W.). Supervision kann sehr methodenreich sein. Angebote wie Teamsupervision, *Fallsupervision* oder Einzelsupervision steigern die Selbstreflexivität und helfen besonders auch im Umgang mit Nähe und Distanz. Speziell mit der Methode der Fallsupervision werden Nähe und Distanz-Strukturen sichtlich gemacht und „Fälle" innerhalb einer Gruppe diskutiert um „Lösungen oder Reflexionen [zu] entwickel[n], die einen veränderten Umgang mit Schülerinnen und Schülern, Eltern und anderen potentiellen Problembereichen ermöglichen" (ebd.). Die Gruppenmitglieder nehmen stellvertretend für die Beteiligten Positionen im Raum ein, um Nähe-Distanz-Verhältnisse innerhalb der Beziehung darzustellen. Somit wird das Problem von einer eher abstrakten auf eine greifbare Ebene gehoben und ermöglicht das Entdecken der eigenen und der fremden Rolle innerhalb dieses Konstrukts (vgl. ebd., S.27). „Diese Form eines respektvollen Perspektivwechsels erweitert die Wahrnehmung des Coachee für die Komplexität und den Kontext und bringt oft erhellende Einsichten, die zu einer umfassenderen und menschlicheren Sicht auf die Interaktionspartner führen" (Meyer, 2016, S. 11).

5 FAZIT

Das Dilemma von Nähe und Distanz stellt eine große Herausforderung für Handelnde in pädagogischen Institutionen dar. Diese Ausarbeitung soll keinesfalls den Anspruch erheben, eine Lösung für dieses schier unlösbare Problem vorzulegen. Dennoch wird hier der Versuch angegangen, die Wichtigkeit von Reflexionsvorgängen zu unterstreichen, denn eine richtige Balance zwischen Nähe und Distanz ist ohne Selbstreflexion nicht möglich (vgl. Kegler, 2010, S. 27). Folglich müsste an der Wurzel des Ganzen angesetzt werden. Eine Umstrukturierung der Lehrerausbildung würde bedeuten, weg von einer stumpfen Fachausbildung, die die Erziehungs- und Bildungswissenschaften nur mangelhaft innerhalb des Studiums thematisiert, hin zu einer Ausbildung, die Lehramtsanwärter mit Hilfe von Supervision und externer Beratung, in der Kombination mit ausreichend Praxis auf widersprüchliche Anforderungen innerhalb des beruflichen Alltags vorbereitet. Dies würde allerdings das Dilemma von Nähe und Distanz nicht beseitigen, und soll dies auch keinesfalls versuchen. Paradoxien prägen das Bild pädagogischen Handelns und beinhalten den Umgang mit Antinomien (vgl. König, 2016, S. 87). Das Wegnehmen oder ausradieren dieser - die Pädagogik charakterisierenden Merkmale - würde bedeuten, aus der Pädagogik eine Technologie zu machen. Die Bearbeitung personenbezogener Problemfälle ist ein, wie Niklas Luhmann beschreibt „Handeln im Ungewissen" (zitiert nach Niklas Luhmann, aus: König, 2016, S.87) welches die Reaktionen der Beteiligten nicht voraussehen lässt. Das was jedoch geleistet werden muss, um sich als professionell handelnder Mensch von Laien zu unterscheiden, ist eine ständige Auseinandersetzung mit sich selbst, und seinem professionellen Umfeld. In Zukunft sollte daher versucht werden, das Rollenbild des Lehrers etwas den heutigen Gegebenheiten anzupassen. Die reine Wissensvermittlung gehört schon längst nicht mehr zu den Aufgaben die den Alltag eines Lehrers bestimmen. Um diese Herausforderungen aber professionell angehen zu können, müssen die Lehrkräfte mit mehr sozialpädagogischen und selbstreflexiven Fähigkeiten ausgestattet werden. Lehrpersonen sollten es zulassen können, von der Rolle des „Wissenden" in die Rolle des „Nicht-Wissenden" zu schlüpfen um Perspektiven einzunehmen, die ihr eigenes Handeln erweitern. Diese Leistung kann aber nicht ausschließlich von den Lehrkräften erbracht werden, auch die Organisation und das System müssen erkennen, dass unsere Lehrer keine Einzelkämpfer mehr sein können. Der Appell richtet sich also an das Schulsystem, Strukturen zu schaffen (seien diese zeitlicher oder finanzieller Natur), die es den Lehrenden ermöglichen, regelmäßig an Supervisions- und Coachingprogrammen teilzunehmen. Dies wäre ein wichtiger Schritt um eine Anerkennung dieser Coachingmaßnahmen zu erreichen und auch langfristig die Gesundheit unserer Lehrer garantieren zu können (vgl. Meyer, 2016, S. 13).

LITERATURVERZEICHNIS

Albisser, S., Keller-Schneider, M., & Wissinger, J. (2013). Zusammenarbeit in Kollegien von Schulen unter dem Anspruch von Professionalität. In M. Keller-Schneider, S. Albisser, & J. Wissinger (Hrsg.), *Professionalität und Kooperation in Schulen* (S. 9-29). Bad Heilbrunn: Julius Klinkhardt Verlag.

Arnold, R. (2014). *Durch Lernen zum kompetenten Unternehmen - pädagogische Professionalisierung als Unternehmensstrategie.* Kaiserslautern: Technische Universität Kaiserslautern.

Arnold, R., & Schüßler, I. (2002). Weiterbildung im Beruf - Weiterbildung als Beruf. In H.-U. Otto, T. Rauschenbach, & P. Vogel (Hrsg.), *Erziehungswissenschaft: Professionalität und Kompetenz* (S. 115-131). Opladen: Leske+Budrich.

Bastian, J. (Juli-August 2016). Coaching und Supervision. *Pädagogik*(68), S. 3.

Bastian, J., Helsper, W., Reh, S., & Schelle, C. (Hrsg.). (2000). *Professionalisierung im Lehrerberuf* (Bd. 12). Opladen: Leske+Budrich.

Bauer, J. (Juli-August 2010). Die Bedeutung der Beziehung für schulisches Lernen. *Pädagogik, 62,* S. 6-9.

Bauer, K.-O. (2000). Konzepte pädagogischer Professionalität und ihre Bedeutung für die Lehrerarbeit. In J. Bastian, W. Helsper, S. Reh, & C. Schelle (Hrsg.), *Professionalisierung im Lehrerberuf* (S. 55-72). Opladen: Leske+Budrich.

Bauer, K.-O. (2002). Kompetenzprofil: LehrerIn. In H.-U. Otto, T. Rauschenbach, & P. Vogel (Hrsg.), *Erziehungswissenschaft: Professionalität und Kompetenz* (S. 49-64). Opladen: Leske+Budrich.

Becker-Lenz, R., Busse, S., Ehlert, G., & Müller, S. (Hrsg.). (2009). *Professionalität in der Sozialen Arbeit.* Wiesbaden: VS Verlag für Sozialwissenschaften.

Busse , S., Ehlert, G., Becker-Lenz, R., & Müller-Hermann, S. (Hrsg.). (2016). *Professionalität und Organisation* (Bd. 6). Wiesbaden: Springer VS.

Combe, A., & Helsper, W. (2002). Professionalität. In H.-U. Otto, T. Rauschenbach, & P. Vogel (Hrsg.), *Erziehungswissenschaft: Professionalität und Kompetenz* (S. 29-48). Opladen: Leske+Budrich.

Dollinger, B. (2008). *Reflexive Sozialpädagogik*. Wiesbaden: VS Verlag für Sozialwissenschaften.

Dörr, M., & Müller, B. (2012). Einleitung: Nähe und Distanz als Strukturen der Professionalität pädagogischer Arbeitsfelder. In M. Dörr, & B. Müller (Hrsg.), *Nähe und Distanz - Ein Spannungsfeld pädagogischer Professionalität* (S. 7-26). Weinheim und Basel: Beltz Juventa.

Dörr, M., & Müller, B. (Hrsg.). (2012). *Nähe und Distanz - Ein Spannungsfeld pädagogischer Professionalität*. Weinheim und Basel: Beltz Juventa.

Friederich, T., Lechner, H., Schneider, H., Schoyerer, G., & Ueffing, C. (Hrsg.). (2016). *Kindheitspädagogik im Aufbruch - Profession, Professionalität und Professionalisierung im Diskurs*. Weinheim: Beltz Juventa.

Grossmann, R., Bauer, G., & Scala, K. (2015). *Einführung in die systemische Organisationsentwicklung*. Heidelberg: Carl-Auer Verlag GmbH.

Gudjons, H. (2000). Belastungen und neue Anforderungen. In J. Bastian, W. Helsper, S. Reh, & C. Schelle (Hrsg.), *Professionalisierung im Lehrerberuf* (Bd. 12, S. 33-49). Opladen: Leske+Budrich.

Helsper, W. (2012). Die Antinomie von Nähe und Distanz in unterschiedlichen Schulkulturen. Strukturelle Bestimmungen und empirische Einblicke. In C. Nerowski, T. Hascher, M. Lunkenbein, & D. Sauer (Hrsg.), *Professionalität im Umgang mit Spannungsfeldern in der Pädagogik* (S. 27-46). Bad Heilbrunn: Julius Klinkhardt Verlag.

Heymann, H. W. (Juli-August 2016). Coaching und Supervision im Schulbereich. *Pädagogik*, S. 6-10.

Imschweiler, V. (März 2010). Den Auswirkungen des gesellschaftlichen Wandels begegnen. (D. G. e.V., Hrsg., A. Lentze, & M. Leppers, Redakteure) Köln. Abgerufen am 23. Mai 2017 von http://www.dgsv.de/wp-content/uploads/2011/08/supervision-wirkungsvolles-beratungsinstrument-in-der-schule-2010.pdf

Jungmann, T., & Reichenbach, C. (2016). *Bindungstheorie und pädagogisches Handeln*. Dortmund: Borgmann Media GmbH.

17

Kegler, U. (Juli-August 2010). Persönlichkeitsbildung zwischen Nähe und Distanz. *Pädagogik*(62), S. 26-27.

Keller-Schneider, M., Albisser, S., & Wissinger, J. (Hrsg.). (2013). *Professionalität und Kooperation in Schulen*. Bad Heilbrunn: Verlag Julius Klunkhardt.

Klatetzki, T. (2012). Wie die Differenz von Nähe und Distanz Sinn in den Einrichtungen der Sozialen Arbeit stiftet. In M. Dörr, & B. Müller (Hrsg.), *Nähe und Distanz - Ein Spannungsfeld pädagogischer Professionalität* (S. 77-87). Weinheim und Basel: Beltz Juventa.

König, A. (2016). Professionalisierung durch Weiterbildung. Chancen von Begründungswissen und Handlungskompetenz für das Feld der frühen Bildung. In T. Friederich, H. Lechner, H. Schneider, G. Schoyerer, & C. Ueffing (Hrsg.), *Kindheitspädagogik im Aufbruch* (S. 80-92). Weinheim: Beltz Juventa.

Lipowsky, F. (Juli-August 2016). Unterricht entwickeln und Lehrpersonen professionalisieren - Befunde und Impulse der Fortbildungsforschung. *Pädagogik*(68), S. 76-79.

Meyer, H.-P. (Juli-August 2016). Coaching für Lehrerinnen und Lehrer. *Pädagogik*(68), S. 10-13.

Miller, R. (2011). *Beziehungsdidaktik*. Weinheim und Basel: Beltz Verlag.

Müller, B. (2012). Nähe, Distanz, Professionalität - Zur Handlungslogik von Heimerziehung als Arbeitsfeld. In M. Dörr, & B. Müller (Hrsg.), *Nähe und Distanz - Ein Spannungsfeld pädagogischer Professionalität* (S. 145-176). Weinheim: Beltz Juventa.

Müller, B. (2016). Professionelle Handlungsungewissheit und professionelles Organisieren Sozialer Arbeit. In S. Busse, G. Ehlert, R. Becker-Lenz, & S. Müller-Hermann (Hrsg.), *Professionalität und Organisation* (Bd. 6, S. 53-70). Wiesbaden: Springer VS.

Nellessen, L. (2002). Supervision. In H.-U. Otto, T. Rauschenbach, & P. Vogel (Hrsg.), *Erziehungswissenschaft: Professionalität und Kompetenz* (S. 101-114). Opladen: Leske+Budrich.

Nerowski, C. (2012). Handlungen der Lehrkräfte zwischen Diffusität und Spezifität. In C. Nerowski, T. Hascher, M. Lunkenbein, & D. Sauer (Hrsg.), *Professionalität im Umgang mit Spannungsfeldern der Pädagogik* (S. 141-154). Bad Heilbrunn: Verlag Julius Klinkhardt.

Nerowski, C., Hascher, T., Lunkenbein, M., & Sauer, D. (Hrsg.). (2012). *Professionalität im Umgang mit Spannungsfeldern der Pädagogik.* Bad Heilbrunn: Julius Klinkhardt Verlag.

Nieke, W. (2006). Professionelle pädagogische Handlungskompetenz zwischen Qualifikation und Bildung. In M. Rapold (Hrsg.), *Pädagogische Kompetenz, Identität und Professionalität* (S. 35-49). Baltmannsweiler: Schneider Verlag Hohengehren.

Otto, H.-U., Rauschenbach, T., & Vogel, P. (Hrsg.). (2002). *Erziehungswissenschaft: Professionalität und Kompetenz* (Bd. 3). Opladen: Leske+Budrich.

Pfadenhauer, M. (2003). *Professionalität - Eine wissenssoziologische Rekonstruktion institutionalisierter Kompetenzdarstellungskompetenz.* Opladen: Leske+Budrich.

Pühl, D. H. (Mai 2010). Supervision für Lehrerinnen und Lehrer? (D. G. e.V., Hrsg., A. Lentze, & M. Leppers, Redakteure) Köln. Abgerufen am 23. Mai 2017 von http://www.dgsv.de/wp-content/uploads/2011/08/supervision-wirkungsvolles-beratungsinstrument-in-der-schule-2010.pdf

Rapold, M. (Hrsg.). (2006). *Pädagogische Kompetenz, Identität und Professionalität.* Baltmannsweiler: Schneider Verlag Hohengehren.

Rapold, M. (2006). Pädagogische Kompetenz, Identität und Professionalität. Die Konzeption eines Seminars. In M. Rapold (Hrsg.), *Pädagogische Kompetenz, Identität und Professionalität* (S. 5-34). Baltmannsweiler: Schneider Verlag Hohengehren.

Schulte-Kloke, B. (2016). Ein Kollegium lässt sich auf Supervision ein. *Pädagogik*(68), S. 24-27.

Seifert, A., & Sujbert, M. (2013). Phänomene der pädagogischen Entgrenzung: Konstruktionen des Phänomens Nähe und Distanz im institutionellen Alltag. In G. Strobel-Eisele, & G. Roth (Hrsg.), *Grenzen beim Erziehen - Nähe und*

Distanz in pädagogischen Beziehungen (S. 147-179). Stuttgart: W. Kohlhammer GmbH.

Seydel, O. (Juli-August 2010). Pädagogische Begegnung. *Pädagogik*(62), S. 22-25.

Spitz, S. (2003). *Professionalität bei Grundschullehrerinnen* (Bd. 39). Hamburg: Verlag Dr. Kovac.

Strobel-Eisele, G. (2013). Schulisches Handeln zwischen Nähe und Distanz: Neue Akzente und Probleme. In G. Strobel-Eisele, & G. Roth (Hrsg.), *Grenzen beim Erziehen - Nähe und Distanz in pädagogischen Beziehungen* (S. 182-198). Stuttgart: W. Kohlhammer GmbH.

Strobel-Eisele, G., & Roth, G. (Hrsg.). (2013). *Grenzen beim Erziehen - Nähe und Distanz in pädagogischen Beziehungen*. Stuttgart: W. Kohlhammer GmbH.

Terhart, E. (2000). Lehrerbildung und Professionailtät - Strukturen, Probleme und aktuelle Reformtendenzen. In J. Bastian, W. Helsper, S. Reh, & C. Schelle (Hrsg.), *Professionalisierung im Lehrerberuf* (Bd. 12, S. 73-85). Opladen: Leske+Budrich.

Thiersch, H. (2012). Nähe und Distanz in der Sozialen Arbeit. In M. Dörr, & B. Müller (Hrsg.), *Nähe und Distanz - Ein Spannungsfeld pädagogischer Professionalität* (S. 32-49). Weinheim und Basel: Beltz Juventa.

Ulber, D. (2006). *Organisationsdiagnose an Schulen - Entwicklung eines Survey-Feedback-Instruments zur Bestandsaufnahme im Schulentwicklungsprozess.* Münster: Waxmann Verlag GmbH.

Würker, A. (2012). "Wenn sich die Szenen gleichen..." Ausbalancierung von Nähe und Distanz als Aufgabe der Lehrerbildung und das Konzept psychoanalytisch orientierter Selbstreflexion. In M. Dörr, & B. Müller (Hrsg.), *Nähe und Distanz - Ein Spannungsfeld pädagogischer Professionalität* (S. 128-144). Weinheim und Basel: Beltz Juventa.

Lightning Source UK Ltd.
Milton Keynes UK
UKHW010714300519
343596UK00002B/592/P